JEG ELSKER MIN MOR
I LOVE MY MOM

Shelley Admont
Illustreret af Sonal Goyal og Sumit Sakhuja

www.kidkiddos.com
Copyright©2015 by S. A. Publishing ©2017 by KidKiddos Books Ltd.
support@kidkiddos.com

All rights reserved. No part of this book may be reproduced in any form or by any electronic or mechanical means, including information storage and retrieval systems, without written permission from the publisher or author, except in the case of a reviewer, who may quote brief passages embodied in critical articles or in a review.
Second edition, 2018
Translated from English by Nancy Jørgensen
Oversat fra Engelsk af Nancy Jørgensen

Library and Archives Canada Cataloguing in Publication
I Love My Mom (Danish English Bilingual Edition)/ Shelley Admont
ISBN: 978-1-77268-928-0 paperback
ISBN: 978-1-77268-929-7 hardcover
ISBN: 978-1-77268-927-3 eBook

Please note that the Danish and English versions of the story have been written to be as close as possible. However, in some cases they differ in order to accommodate nuances and fluidity of each language.
Although the author and the publisher have made every effort to ensure the accuracy and completeness of information contained in this book, we assume no responsibility for errors , inaccuracies, omission, inconsistency, or consequences from such information.

Til dem jeg elsker mest—S.A.
For those I love the most—S.A.

I morgen var det mors fødselsdag. Den lille kanin Jimmy og hans to ældre brødre sad og hviskede på deres værelse.

Tomorrow was Mom's birthday. The little bunny Jimmy and his two older brothers were whispering in their room.

"Lad os tænke os om," sagde den ældste bror. "Gaven til mor skal være helt speciel."

"Let's think," said the middle brother. "The present for Mom should be very special."

"Jimmy, du har altid gode idéer," tilføjede den ældste bror. "Hvad synes du?"

"Jimmy, you always have good ideas," added the oldest brother. "What do you think?"

"Øhh..." Jimmy tænkte længe. Pludselig udbrød han "Jeg kan give hende mit yndlingslegetøj – mit tog!" Han tog toget ud af legetøjskassen og viste det til sine brødre.

"Ahm..." Jimmy started thinking hard. Suddenly he exclaimed, "I can give her my favorite toy — my train!" He took the train out of the toy box and showed it to his brothers.

"Jeg tror ikke mor vil have dit tog," sagde den ældste bror. "Vi må finde på en anden idé. Noget hun virkelig vil kunne lide."

"I don't think Mom wants your train," said the oldest brother. "We need another idea. Something that she will really like."

"Vi kan give hende en bog," skreg den mellemste bror glad.

"We can give her a book," screamed the middle brother happily.

"En bog? Det er en perfekt gave til mor," svarede den ældste bror.

"A book? It's a perfect gift for Mom," replied the oldest brother.

"Ja, vi kan give hende min yndlingsbog," sagde den mellemste bror, mens han nærmede sig bogreolen.

"Yes, we can give her my favorite book," said the middle brother as he approached the bookshelf.

"Men mor kan lide mysteriebøger," sagde Jimmy trist, "og denne bog er for børn."

"But Mom likes mystery books," said Jimmy sadly, "and this book is for kids."

"Du har nok ret," sagde hans mellemste bror. "Hvad skal vi gøre?"

"I guess you're right," agreed his middle brother. "What should we do?"

De tre kaninbrødre sad stille og tænkte, indtil den ældste bror endelig sagde,

The three bunny brothers were sitting and thinking quietly, until the oldest brother finally said,

"Der er kun én ting, jeg kan komme i tanke om. En ting, vi kan lave selv. Et kort."

"There is only one thing that I can think of. Something that we can do by ourselves, like a card."

"Vi kan tegne millioner af hjerter," sagde den mellemste bror. "Og fortælle mor hvor meget vi elsker hende."

"We can draw millions of millions of hearts," said the middle brother. "And tell Mom how much we love her."

De blev alle meget begejstrede og begyndte at arbejde.

They all became very excited and started to work.

De tre kaniner arbejdede meget hårdt. De klippede og limede, foldede og malede.

Three bunnies worked very hard. They cut and glued, folded and painted.

Jimmy og hans mellemste bror tegnede hjerter og kys. Når de blev færdige, lavede de bare flere hjerter og kys.

Jimmy and his middle brother drew hearts and kisses. When they finished, they added more hearts and even more kisses.

Den ældste bror skrev med store bogstaver:
Then the oldest brother wrote in large letters:

"Tillykke med fødselsdagen, Mor! Vi elsker dig sååååååå meget. Dine børn."

"Happy birthday, Mommy! We love you soooooooo much. Your kids."

Endelig var kortet færdigt. Jimmy smilede.
Finally, the card was ready. Jimmy smiled.

"Jeg er sikker på, at mor vil kunne lide det," sagde han, mens han tørrede sine beskidte hænder af i sine bukser.
"I'm sure Mom will like it," he said, wiping his dirty hands on his pants.

"Jimmy, hvad laver du?" skreg den ældste bror. "Kan du ikke se, at dine hænder er dækket af maling og lim?"
"Jimmy, what are you doing?" screamed the oldest brother. "Don't you see your hands are covered in paint and glue?"

"Åh, åh…" sagde Jimmy. "Det lagde jeg ikke mærke til. Undskyld!"
"Oh, oh…" said Jimmy. "I didn't notice. Sorry!"

"Nu skal mor vaske tøj på sin fødselsdag," tilføjede den ældste bror, mens han kiggede strengt på Jimmy.

"Now Mom has to do laundry on her own birthday," added the oldest brother, looking at Jimmy strictly.

"Nej, det vil jeg ikke lade ske!" udbrød Jimmy. *"Jeg vasker mine bukser selv."*

"No way! I won't let this happen!" exclaimed Jimmy. "I'll wash my pants myself."

Sammen vaskede de al malingen og limen af Jimmys bukser og hang dem til tørre.

Together they washed all the paint and glue from the pants and hung them to dry.

På vejen tilbage til deres værelse, kiggede Jimmy hurtigt ind i stuen og så deres mor.

On the way back to their room, Jimmy gave a quick glance into living room and saw their Mom there.

"Se, mor sover på sofaen," hviskede Jimmy til sine brødre.

"Look, Mom is sleeping on the couch," whispered Jimmy to his brothers.

"Jeg henter mit tæppe," sagde den ældste bror og løb tilbage til deres værelse.

"I'll bring my blanket," said the older brother who ran back to their room.

Jimmy stod og kiggede på, at moren sov. I det øjeblik gik det op for ham, hvad den perfekte gave ville være. Han smilede.

Jimmy was standing and looking at his Mom sleeping. In that moment he realized what the perfect gift for their Mom should be. He smiled.

"Jeg har en idé!" sagde Jimmy da den ældste bror kom tilbage med tæppet.

"I have an idea!" said Jimmy when the oldest brother came back with the blanket.

Han hviskede noget til sine brødre, og alle tre kaniner nikkede og smilede bredt.

He whispered something to his brothers and all three bunnies nodded their heads, smiling widely.

Stille gik de hen til sofaen og lagde tæppet over deres mor.

Quietly they approached the couch and covered their Mom with the blanket.

Hver af dem kyssede hende og hviskede, " Vi elsker dig mor."

Each of them kissed her gently and whispered, "We love you, Mommy."

Deres mor åbnede øjnene. "Åh, jeg elsker også jer," sagde hun smilende og krammede sine sønner.

Mom opened her eyes. "Oh, I love you too," she said, smiling and hugging her sons.

Den næste morgen stod de tre kaninbrødre meget tidligt op for at gøre overraskelsen klar til deres mor.

The next morning, the three bunny brothers woke up very early to prepare their surprise present for Mom.

De børstede deres tænder, redte deres senge og tjekkede at alt deres legetøj var lagt på plads.

They brushed their teeth, made their beds perfectly and checked that all the toys were in place.

Efter at de havde ryddet op, gik de ind i stuen for at gøre rent og vaske gulvet.

After that, they headed to the living room to clean the dust and wash the floor.

Bagefter gik de ind i køkkenet.
Next, they came into the kitchen.

"Jeg laver mors yndlingstoast med jordbærsyltetøj," sagde den ældste bror. "Jimmy, du kan lave friskpresset appelsinjuice."
"I'll prepare Mom's favorite toasts with strawberry jam," said the oldest brother, "and you, Jimmy, can make her fresh orange juice."

"Jeg henter nogle blomster fra haven," sagde den mellemste bror og gik ud ad døren.
"I'll bring some flowers from the garden," said the middle brother who went out the door.

Da morgenmaden var klar, vaskede de tre kaniner op og pyntede køkkenet med blomster og balloner.

When breakfast was ready, the bunnies washed all the dishes and decorated the kitchen with flowers and balloons.

De glade kaninbrødre gik ind på deres mors og fars værelse imens de holdt kortet, blomsterne og den frisklavede morgenmad frem.

The happy bunny brothers entered Mom and Dad's room holding the birthday card, the flowers and the fresh breakfast.

Mor sad i sengen. Hun smilede, da hun hørte sine tre børn synge "I dag er det mors fødselsdag," imens de gik ind på værelset.

Mom was sitting on the bed. She smiled as she heard her sons singing "Happy Birthday," while they entered the room.

"Vi elsker dig mor!" skreg de alle på samme tid.

"We love you, Mom," they screamed all together.

"Jeg elsker også jer," sagde mor og kyssede alle sine sønner. "Det her er min bedste fødselsdag nogensinde!"

"I love you all too," said Mom, kissing all her sons. "It's my best birthday ever!"

"Du har ikke set det hele endnu," sagde Jimmy og blinkede til sine brødre. *"Du skulle se køkkenet og stuen!"*

"You haven't seen everything yet," said Jimmy with a wink to his brothers. "You should check the kitchen and the living room!"

www.ingramcontent.com/pod-product-compliance
Lightning Source LLC
Chambersburg PA
CBHW061144070526
44584CB00033B/4414